오지랖

오지랖

김수봉 제6시집

세종출판사

서문

제 5시집 『어물쩍』을 낸 이후 필자의 시가 설명적인 경향이 있다는 말을 듣고 다음부터는 시가 시답도록 시적 전환과 형상화를 위해 특단의 노력을 배가해야겠다고 다짐을 했지만 능력의 한계는 어쩔 수 없는지 제 6집의 시도 필자의 마음에 썩 들지는 않는다.

그러나 그것도 나의 분수라 생각하고 앞으로 시적 전환에 더욱 노력할 것을 다짐하며 부끄럽지만 염치없이 또 한 권의 시집을 더해본다.

제 6시집 『오지랖』은 2021년 7월부터 12월까지 쓴 160여 편의 작품 중 필자의 안목에는 그래도 덜 부끄럽겠다고 생각되는 110편만 뽑아서 실었다.

구성은 5부로 나누고 각부에 22편씩 실었으며 대체로 월별로 순차적으로 배치했다. 각부의 이름은 생략하고 첫머리에는 독자들의 머리를 식히기 위해 제1부 신선도 제2부 타작 제3부 혼인행렬 제4부 대장간풍경 제5부 서당도 등 김홍도 선생의 풍속화를 배치했다.

독자 제현의 많은 질정과 격려 부탁드린다.

2023.4.11.

작가 김 수 봉 사룀

차례

제2부

제3부

제4부

제5부

제1부

나로호

자신의 몸채보다
길고 붉은 빛의 꼬리를 달고
땅을 박차고 우주로 날아가는 나로호

민족의 염원과 꿈을 싣고
용오름보다 웅장하게
선녀보다 아름답게
빛처럼 빠르게
아스라이 먼 우주를 날았다

첫걸음이라 미완의 꿈이었지만
첫술에 배부르랴
꿈이 있어야 미래도 있고
꿈도 자주 꾸면 현실이 되듯
머지않아 우주를 품게 될 꿈

우리의 땀과 자존과 기술의 정화
우주를 우리의 누리로 만들 나로호
민족의 긍지를 우주에 우뚝 세웠다

(2021.10.21.)

시상詩想을 기다리며

여우가 시집을 가는지
호랑이가 장가를 가는지
날씨는 연방 야단법석이지만

사고의 흔들림은 마른 명태의
근육보다 딱딱하고
심미의 두 눈은 동굴 속보다
어둡고 침침할 뿐

벌이 쏴야 꽃이 웃고
바람이 불어야 물결이 일듯
님을 봐야 별을 따지
별만 그린다고 님을 보나

반드시 와야 하지만
오마 하지도 오지도 않는 님
막연하게 기다리는 마음
달 없는 밤의 달맞이꽃처럼
시상은 저물녘의 빈집일 뿐

(2021.07.10.)

하상선夏上仙

솨 솨 솨~ ~
우듬지를 지나는 시원한 바람소리
맴 맴 맴 하하 호호~~
온갖 새들과 매미의 즐거운 세레나데
찰 찰 찰~~
계곡을 흐르는 청량한 물소리 듣고

한여름 뜨거운 햇볕을
오히려 즐기고 자양분으로 삼아
나름 최선을 다하는 깊은 산 속
나무그늘 너럭바위에 혼자 앉아

막걸리 통 옆에 두고
계곡물에 발 담근 채
한여름 폭염에 한기를 느끼는 삶

세속의 욕심과
근심걱정 잊는다면
보지는 못했지만
여름 신선이 따로 있을까?

(2021.07.28.)

계절

삼동을 움츠리고 떨던 한파도
심술궂던 꽃샘추위도
도둑고양이처럼 찾아오는 봄볕에
어느 사이 무릎을 꿇듯

더위가 아무리 땀을 흘려도
매미소리가 제풀에 시들하고
풀벌레의 함성이 시원함을 부를 때면
여름도 스스로 옷깃을 여미고
가슴 앓던 나뭇잎 얼굴 붉히듯

낙엽이 이리저리 가을을 굴리면
소슬바람이 저절로 동장군을 맞이하듯
계절은 또 그렇게 오고 간다

(2021.08.28.)

매미

한 여름을 시원하게 울어
여름을 여름답게 하는 매미

어둡고 습한 땅속에서 인고의 칠년간
열다섯 번의 탈피를 거친 후에야
겨우 우화하지만 그것도 보름정도일 뿐
무엇을 위해 그렇게 목매여 울다 갈까

후손을 향한 연어나 하루살이의 삶처럼
이유를 아는지 모르는지 알 수는 없지만
연어보다 더 안타깝고 애달픈 매미의 일생

키우기 힘들고 키울 이유도 없다고
낳지도 않지만 낳아서는 버리기도 하는
비정한 인간의 삶을 돌아보면

매미의 후손을 위한 세레나데가
밤잠을 설치게 한다고 투덜대는
인간의 삶이 매미를 탓할 만큼
그렇게 당당한 삶인지 부끄러울 따름

(2021.07.26.)

삼복三伏

염제와 백제의 권력 다툼에
닭과 개가 목숨을 바치는 삼복 날
삼계탕에 인삼주를 마시며 생각해 본다

닭은 떨어진 열매나 벌레만 잡아먹어도
살아서는 알을 낳아 인간의 건강을 챙기고
죽어서는 털은 보온재로 몸은 보신재로
발은 닭발구이로 뼈조차 국물용으로
몸 전체를 통째로 인간에게 바친다

인간은 먹이 사슬의 꼭대기에 우뚝 서서
주는 것 없이 받고 먹기만 하지만
살아서는 배설만하고 죽어서도 더러운
이름만 남기는 경우가 많다

자신에게 조금이라도 피해가 되는 존재는
결코 참고 견디지 못하면서도
다른 동식물들에게는 피해만 끼치도록
누가 그런 힘과 권리를 인간에게 준 것일까

삼계탕에 곁들인 인삼주의 힘을 빌어
끝없는 욕망과 탐욕과 아집에 찌든
염치없고 부끄러운 인간의 삶에
비판과 용서라도 한 번 구하고 싶다

(2021.07.11. 초복 날)

조바심

욕심 많은 부자가
더 빨리 큰 부자가 되기 위해
황금 알을 낳는 닭의 배를 갈라
쪽박을 차고

봄을 기다리던 봄꽃들
기다림에 지쳐
서둘러 피운 꽃들
꽃샘추위에 꿈을 접게 되고

시상이 떠오르지 않아
애태우던 시인
우격다짐으로 엮은 시
못난 시인으로 전락하게 되듯

조바심과 서두름은
언제나 부정적 결과의 앞잡이임을
알면서도 조급할 수밖에 없는 것도
어쩌면 인간 삶의 운명 아닐까

(2021.08.23.)

밤송이

가을이면 함박웃음 지으며
알밤 떨어지는 소리 탐스러운
너는 까탈스런 여자다

태어날 때부터 가시를 달고 태어나
자랄수록 가시를 키우고 힘을 실어
어떤 벌과 나비의 유혹도 멀리하고
오로지 맑은 바람과 화사한 햇빛만
가까이하며 자신의 심신을 단련했다

늦가을 속이 꽉 차서 스스로 만족할 때면
봄에 저절로 푸르러지는 시냇가의 버들처럼
벌이 쏘지 않아도 나비가 춤추지 않아도
저절로 입을 열고 속을 보이다가
마침내 와르르 자신의 모든 것을 내어준다

사랑하는 남자를 위해
스스로 옷고름 풀고
자신을 통째로 바치는
정조 높은 여인처럼

(2021.08.26.)

가을비

봄비는 잠비
가을비는 떡비라 했지만
배고프던 그 옛날
가난한 사람들의 자기변명일 뿐

우산 들고 길 나서
군중 속에 혼자가 되면
어느 사이 머릿속은
청기와집도 짓고
바벨탑도 쌓는다

꿈은 잠을 자야만 꾸는 것이 아니다
전신주나 가로등에 부딪쳐서
아차 하며 깰 때까지
만보漫步 속에서 꾸는 꿈은
나팔꽃보다 보랏빛이다

깨고 나면 순우분이 되지만
가을비는 꿈을 꾸고
행복을 주는 백일몽이다

(2021.08.21.)

처서處暑

더위도 추위도
어떠한 날씨도
계절 앞에서는 무릎 꿇고
어김이 없다

뭉게구름 차일 삼아
귀뚜라미 멍에 하고
처서가 찾아오면

용광로 쇳물 끓듯
헐떡이던 여름 더위
제풀에 풀이 죽어
아침저녁 다소곳이
옷깃을 여미듯

천둥처럼 안타깝고
무지개처럼 아름답던 일도
지나서 돌아보면
모두가 거기서 거기
계절처럼 어김없다

(2021.08.21.)

폭서暴暑

혹한과 폭서는 코로나19의 형제다
성품은 비겁하고 행실은 비열하다
언제나 힘없고 나이 많고
가난한 사람부터 괴롭히다가
마침내 그들 먼저 데려 간다

코로나에 대한 백신이나 치료약처럼
혹한과 폭서에는 선풍기와 에어컨과
난방 기구가 약이지만
늙고 가난한 사람들에게는
그림의 떡

가진 자와 힘 있는 자 중심의 세상에서
늙고 가난한 자의 현실은 운명이지만
사람은 누구나 늙어가고
부는 영원한 것이 아니란 점에서
약자가 처한 현실은 운명을 넘어선다

(2021.07.24.)

내일 2

모든 오늘은
언제나 어제의 내일이었고
어제조차도 그제의 내일이었다

내일이 오늘이 되면
다음 날의 내일을
또 기다리게 될 것을 알면서도
기다리지 않을 수 없는 내일

세월이 너무 빨라서
하루가 일각 같다고 탄식하면서도
내일을 기다리는 인간의 모순된 삶

언제나 속으면서도 기다리는 내일은
절망과 불만의 오늘을 넘어서
살 수 있게 하는 새로운 희망이고
기대이기 때문 만일까

(2021.08.02.)

우중 산책

우산 쓰고 나선
비 오는 날의 산책길
차량이 적은 뒷골목을 걷노라면
바람 불고 비 뿌릴수록 인적이 뜸해서
어디든 한적한 산책로가 된다

걷다가 종아리가 축축해질 때쯤이면
우산이 없어 삿갓 쓰고 등교했다가
친구들의 놀림을 받았던 어린 시절
안타까워하며 추억에 잠기기도 하고
산책이 끝나면 한꺼번에 무너질
청기와 집을 짓기도 하고
바벨탑을 쌓기도 하며
뜻 모를 미소를 짓기도 한다

비 오는 날의 산책은
성가신 일도 많지만
젖기로 마음만 먹으면
오히려 맑은 날보다
운치 있는 산책이 된다

(2021.08.25.)

현명한 처신

누구나 과거의 선택과
판단을 후회하기도 하지만

어떤 선택과 판단과 결정도 모두
당시에는 그렇게 할 수밖에 없었던
조건과 상황의 산물일 뿐

타임머신을 타고 과거로 돌아가서
새로운 선택과 결정을 내린다 해도
새로운 선택과 결정을 내릴 때면
상황과 조건 등도 새롭게 달라져서
결과는 대부분 마찬가지일 수밖에 없다

현명한 처신은 과거의 후회보다
내일의 후회라도 줄이려는 노력이
오히려 더 필요한 것 아닐까?

(2021.08.24.)

칠월 장마

비가 오지 않아도
집에 갇혀 지내야 하는 코로나19 시대
갈 곳도 오라는 곳도 없는 노인들에게
방콕 생활의 핑계와 명분을 제공하는 장마

시골 노인들처럼 툇마루에 앉아서
낙숫물 떨어지는 소리를 들을 수는 없지만
차 한 잔 들고 창가에 앉으면
점점이 모자이크하는 빗방울의 그림과
하염없이 창문을 두드리는
빗줄기의 하소연을 듣고 보면서
되새김질하는 희미해진 추억

더러는 죽고 중천의 요양병원에 있지만
대부분 은퇴해서 뒷방 노인이 된 친구들
그렇게 애틋하던 사랑도
밤잠 설치며 추구하던 야심도
가슴 벅차고 자랑스럽던 성공도
빗물에 씻긴 꽃잎처럼 시들해지고
지금은 막걸리 한 잔으로 무료한
삶을 불콰하게 덥힐 뿐이다

(2021.07.07.)

행불행幸不幸

행복의 방법을 몰라서
불행한 사람도
불행하지 않아서
행복한 사람도 없다

행복과 불행은 상대어지만
본질적으로 행복하거나
불행한 삶이란 것도 없다
단지 자신이 처한 상황에 대한
주관적인 판단과 느낌일 뿐

욕심을 줄이고 마음을 비우고
현실에 만족하고 체념하면
누구나 행복해진다는 것도 안다

누구나 다 알고 있지만
대부분의 사람이 불행한 것은
알기만 할 뿐
비우는 실천이 더 힘들고
더 불행하기 때문은 아닐까?

(2021.07.14.)

재산세

재산세 통지서를 손에 들고
망연자실 서 있는 칠팔십 대 노인

평생을 절약하고 모으고 대출 받아
천행으로 장만한 첫 아파트
값이 올랐다며 모두들 부러워한다

밥 안 먹어도 배가 부른 듯 하고
친구들이 부러워하면 저절로 어깨가
으쓱하고 자랑스러운 아파트

쥐꼬리 국민연금과 노령연금
노인 일자리의 임금뿐인 노인
두 달 치 노령연금보다 많은 재산세

남들이 세금을 걱정할 때는
재산세 때문에 걱정 한 번 해보는 것이
평생의 꿈이고 소원이었는데

지금은 반 지하 전셋집이 오히려
분수에 맞고 행복하다는 생각에
뽕잎을 먹는 송충이를 애도할 뿐

(2021.07.19.)

행복한 삶

성공하기 위해서는
누구나 인생 목표가 있어야 하고
그것도 크고 빨리 이룰수록
좋다고 한다

목표와 목적이 하나인지 알 수 없지만
살기 위해서 태어난 인간
결국 죽음을 향해 나아가고
마지막 목적지와 종착역은
희망하든 안하든 누구나 죽음이다

목표는 누구나 빨리 이루려 하지만
목적지는 누구나 늦게 도착하려 해서
목표가 인간의 희망사항이고
목적은 운명이라 할 수 있다면
목표와 목적이 서로 어긋나도
인간은 행복할 수 있는 것일까

인간이 천명을 알고 순응해야
행복하다고 한다면
인간은 죽음을 받아들이고
죽음이 행복한 그런 삶을 살아야
진정 행복한 삶이 되는 것 아닐까

(2021.08.15.)

배롱나무 흰 꽃

옛날에 생일이 되면
오늘 배불리 먹어도 다 먹지 못해
남겼다가 다음날도 그 다음날도
날마다 배불리 먹기를 기원하는 뜻으로
쌀밥을 고봉으로 담아 주던 생일밥

봄꽃 진 뒤 무더운 녹음의 계절
키 크지도 않은 나무의
가늘고 긴 가지 끝마다
가지가 겹도록 크게 피어나는
생일밥 같은 꽃
나무와 줄기는 백일홍을 닮았으나
훨씬 풍성하게 크고 흰 여름 꽃

무명옷에 흰 머릿수건 쓰고
콩밭 메는 시골 아낙처럼
겉모습은 수수하고 소박하지만
어머니의 냄새 같은 은근한 향기가
온갖 벌과 나비를 매료시키고
배롱나무에서 나왔으나 백일홍보다
더 오래 여름을 지키는 흰 꽃

생일날 자식들의 고봉밥을 챙기시던
어머니의 마음이자 생일밥이다

(2021.08.12.)

고상高尙한 삶

가진 것 많고 지위가 높고
많이 배우고 지식이 많으며
사회적으로 유명한 사람이면 고상할까?

가난하고 지위가 낮고
배운 것도 없고 아는 것도 별로 없어서
어느 누구도 이름을 아는 사람이 적으면
천박할까?

세상의 거악은
고상한 척하는 겉모습과는 달리
힘 있고 가진 것 많은 자들의 몫이고
가난하고 무식하고 힘없는 사람들은
개 짖는 소리 닭울음소리 들리지 않는
곳을 태평성대나 선경이라 여겼다

많이 가지고 군림하는 삶보다
탁영탁족하며 무명초처럼 자연 속에서
분수대로 사는 삶이
오히려 고상한 삶 아닐까

(2021.08.06.)

칠석날의 비

목동과 황녀의 결혼
황제의 분노로 헤어진 견우와 직녀
어떤 권력도 막지 못한 간절한 사랑
감동한 까막까치 다리를 놓았다

오작교가 전설임이 밝혀지고
코로나19가 인륜을 끊어놓자
백신이 목숨 걸고 다리를 놓지만
인간 스스로 빼버리는 받침돌
마침내 천륜마저 끊어졌다

견우직녀의 눈물이 아니라도
칠석날 전후로 이어지는 장마는
끊어진 천륜과 인륜을 조상하는 듯
오늘도 하염없이 마음마저 적신다

(2021.07.07.)

팔월을 맞으며

유월 농부 팔월 신선이라 했다
태양이 헐떡이다 더위를 먹어도
모내기와 김매기를 끝낸 농부들
나무그늘 부채 하나로 신선이 되는 팔월

더위가 칼춤을 출수록
곡식은 더위를 먹으며 속살을 찌우고
날씨는 더울수록 가을이 가까우니
더위를 어찌 야속타만 할 수 있으리

여름이 덥고 겨울이 추운 것도
나름대로 다 이유가 있고
인간을 위한 자연의 섭리라면

더위를 즐기며 밤낮으로 울어
보름 만에 평생의 과업을
완수하는 매미처럼

내 삶도 탓하기보다는 덕분으로 여기고
오히려 마음속의 용광로에 불을 지펴서
고로의 쇳물이 거푸집에 넘치듯
삶의 의미를 다지고 채우는 팔월이 되기를

(2021.08.01.)

제2부

시와 나

네가 처음 내게 왔을 때는
잠 안 오는 늦은 밤 출출할 때 먹는
구운밤 정도의 간식거리였는데
어느 사이 하루도 안 먹고는
살 수 없는 밥이 되고 말았다

그날 이후 나는 밥을 위해
시종이 되고 노예가 되어
하루도 빠짐없이
밤낮으로 황무지를 개간하여
씨 뿌리고 거름 주며 농사지었다

매일매일 몸과 마음을 다 바쳐
밥을 위해 밥만을 생각했기에
나름 좋은 소출을 기대했지만
해마다 가뭄과 홍수 병충해를 입어
결과는 언제나 기대를 빗나갔다

오늘도 개간지를 둘러보며
북돋우고 김을 매보지만
언제쯤 풍조우순하여
함포고복하며 태평가를 부르게 될지
메아리는 여전히 난망難望

(2021.09.11.)

새벽

도시의 불빛이
하품하며 하나 둘 눈을 감을 때면
저만치 먼 바다 위에는
아직 먹장구름이 커튼을 드리웠는데

목구멍이 포도청인 늙은 하층민들
폐지를 향한 발걸음은 더욱 빨라지고
도시의 소음이 서서히 고개를 들 때쯤
밤새워 밤송이를 까던 불면의 눈꺼풀은
그제야 제 무게에 저절로 백기를 든다

휴대폰 알람 소리에
천근의 몸을 이끌고 아침을 열어보면
그 때서야 바다도 커튼을 걷고
찬란한 태양의 왕림을 맞는다

나도 할 일 없는 일상에
일없는 일을 꿈꾸며
새로운 삶과 하루에
괜스레 감사를 표해본다

(2021.09.29.)

게으른 비

비가 올 듯 말 듯
코로나19에 문 닫게 된
자영업자의 얼굴처럼
우울하고 우중충한 가을하늘
몇 방울 뿌리다 그치기를
반복하는 게으른 비

우산을 쓰기는 부끄럽고
그냥 다니기는 옷이 꿉꿉하여
부지런한 사람 발길 바쁘고
게으른 사람 놀기 좋은 날씨

오려면 화끈하게
소나기라도 한바탕 쏟아지든지
아니면 햇볕이라도 쨍쨍하든지
대선을 앞둔 정치인들처럼
며칠째 간보듯 찔끔거린다

이것도 저것도 아니고
헛갈리게만 하는 회색 하늘
이쪽저쪽 눈치만 보고
전전긍긍하는 회색 정상배보다
더 싫어하는 줄 모르는가보다

(2021.09.05.)

복福짓기

칙 칙~ 칙~~~
물을 쏘는 소리
자르륵~ 찌르륵~ 찌르르륵~~~
이빨을 가는 소리

아~~ 아악~ 아아악~~
많이 아프십니까?
조금만 참으세요
곧 끝납니다

찌르륵~ 찌르륵~~ 찌르르륵~~~
아~ 아~~ 아악~ 아아악~~
끝났습니다
입을 헹구세요

마침내 오복의 하나를 지키는
스케일링이 끝났다

역시 복을 지키고 짓기는
입은 크게 벌리되
함부로 먹거나 씹지 말며

고통을 참는 인내심을 가지고
혀 밑의 도끼는 뽑아버린 뒤
항상 입 안을 청결히
해야 가능한 것인가 보다

(2021.09.27.)

부끄러움

적자생존과 약육강식의
무한 경쟁 속에 던져지니
많이 가질수록 더 부족하고
높이 올라갈수록 높지 않고
많이 먹고 받을수록
여전히 허기지고 모자랐다

고희를 지나면서 뒤돌아보니
남은 생이 살아온 날보다
너무 적다는 생각에
갑자기 모든 것이 허망하고
부질없는 욕심이란 것을
새삼 깨닫는다

생각을 바꾸니
지금까지 가진 것도
먹은 것도 명예도 지위도
분수에 너무 높고 많고 넘쳐서
오히려 모든 것이
지나치고 부끄러울 따름

(2021.09.04.)

코로나19의 성장통

밤이 길고 어두울수록
아침의 태양은 더욱 찬란하고
장마가 지루하고 험할수록
그 끝의 파란 하늘은 더 아름답다

인류를 공포에 떨게 했던
콜레라, 천연두, 장티프스 등도
백신과 치료약이 개발 되어
마침내 역사의 뒤안길로 사라졌듯

코로나가 아무리 극성을 부려도
병이 있으면 약도 있다 했다
홍콩독감 신종풀루를 극복했듯
머지않아 코로나19도 극복하고
이전보다 더 밝은 날만 남았다

늦가을 억새의 흰 꽃도
바람에 흔들릴 때 더 아름답고
깃발도 바람에 날리고 흔들려야
바로 펼쳐지고 더 멋스럽듯
인생도 고통과 시련을 넘어서야
더 아름답게 성숙하는 것 아닐까

(2021.09.05.)

생의 의지

○○대학교 국제관 노천 휴게소
한여름 내내 열시만 되면
할머니 한분이 휠체어에 앉아
두툼한 옷과 모자를 눌러쓰고
무릎덮개를 덮은 채
요양보호사에 이끌려 나타난다

요양보호사가 휠체어를 사람들이
많이 다니는 길 쪽으로 고정하면
할머니는 눈을 들어 겨우 좌우를
한번 둘러본 후 미소를 띠며
앉은 채로 이내 잠을 자기 시작한다

옆의 의자에 앉아 열두시가 될 때까지
누군가와 열심히 전화하던 요양보호사
시계를 보며 천천히 깨우면 할머니는
눈꺼풀을 파르르 떨며 겨우 눈을 뜬 뒤
다시 좌우를 한번 둘러볼 뿐
말을 잊었는지 한마디 말도 없다

그래도 요양보사가 휠체어를 밀고
경사진 곳을 내려갈 때면
넘어질까 봐 살며시 손을 내밀어
휠체어의 모서리를 꽉 잡는 것은
본능일까 생의 의지일까?

(2021.09.07.)

암남공원 전망대

옛날 즐겁고 통쾌했던
추억을 되새김질하러 찾아간 전망대
가쁜 숨을 몰아쉬며 올라서는 순간
하늘이 내려앉은 일망무제의 바다
자신도 모르게 아! 하는 탄성을 지른다

명량 해전에서 13척의 배로 330척의
왜적을 물리치고 느꼈던
이순신 장군의 감정이 이와 같았을까
너무나 통쾌하고 시원해서
코로나로 갇혀 지내던 갑갑함이
한 순간에 날아가고 울적하던
가슴도 뻥하고 뚫린다

제1전망대에는 송도 외항에
한쪽으로 머리를 향한 채
기어가는 애벌레처럼
수십 척의 배들이
바닷바람에 들썩이고 있어서
번거로웠는데

제2 전망대는 거칠 것 하나 없고
티 없이 맑은 하늘을 품은 바다가
끝 간 데 없이 넉넉하고 푸근해서
내려올 시간조차 그만 잊고 만다

(2021.09.20.)

가을맞이

포도鋪道 위에
칼춤 추던 여름 더위
하룻밤 사이 야반도주하자
해방군처럼 갑자기 찾아온
서늘한 가을바람

이혼녀가 원수 같던
전 남편을 그리워하고
뜻밖의 횡재와 복권 당첨이
오히려 가산을 탕진하게도 되듯

기분은 시원하고 산뜻하지만
몸이 적응 못한 사람들
열대야의 여름밤보다
오히려 잠을 설치고 몸이 무겁다

영영 오지 않고
가지 않을 것 같던 여름 가을도
때가 되면 순식간에
오고 가는 것이 자연의 섭리라면

일희일비하며 바장이고
애태우며 안타까워하기보다
차라리 지금의 계절을 참고 견디며
느긋하게 즐기는 것은 어떨는지

(2021.09.03.)

도전

넘어지고 엎어질까
망설이고 주저하지 말자
털고 일어서면 그뿐

실패할까 두려워 말자
비온 뒤에 땅이 굳어지고
쇠는 두드리고
담금질할수록 단단해지듯
실패도 성공의 한 과정일 뿐

강물도 출렁이며 흘러가는데
인생이라고 잔잔하기만 하랴
도전해야 변화할 수 있고
변화해야 성공할 수 있다

실패는 성공의 어머니고
도전은 성공의 발판이다

(2021.09.02.)

희망

어제의 내일이었던 오늘
지난달의 내달이었던 새달
지난해의 내년이었던 새해가 되면
사람마다 새날 새달 새해를 축하한다

오늘도 사람들은 서로서로
시월의 첫날인 줄 모르는 사람에게도
시월의 첫날을 축하한다
왜 축하할까

어제나 지난달이나 지난해에
이루지 못했던 소망들이
혹시 오늘이나 새달 새해에
이루어질 수 있다는 기대 때문일까

그렇다. 늙은이도 내일이면
수명이 하루 줄어듦을 알면서도
막연하지만 자꾸 내일을 기다린다
그것은 내일이 오늘의 희망이자
희망은 삶의 의미이기 때문 아닐까

(2021.10.01.)

행복과 불행

사람은 누구나
행복한 삶을 희망하지만
진정 행복한 사람은 드물다

작고 낮고 사소한 것에서도
기쁘고 즐거운 것을 발견하고
만족하면 행복한 삶이 되고

크고 많고 대단한 것조차도
불평하고 만족하지 못한다면
불행한 삶이 된다

행복과 불행은
작고 적고 낮고 하찮거나
많고 크고 높고 대단한 것에
달려있는 것이 아니라

무엇을
어떻게 바라보고
느끼고 받아들이느냐에
달려 있기 때문 아닐까

(2021.10.07.)

꼬리

인간에게는 없다는 꼬리
눈에 보이지는 않지만
캥거루의 꼬리보다 강력해서
꼬리를 치면 머리보다 힘이 세다

생존에 필요할 때는 구미호보다
더 많은 꼬리를 달고 나타나서
상대를 죽이기도 살리기도 하며
흥망성쇠까지 좌우한다

물 타기 자기변명 국면전환으로 사용된
정치인들의 전매특허가 된 말꼬리
혀 밑의 도끼보다 더 무섭다

없는 꼬리가 꼬리를 치면
몸통이 흔들리는 세상
언제나 꼬리를 잘라내고
머리와 몸통이 중심이 되는
그런 세상이 올 수가 있을는지

(2021.09.15.)

상승

세상 모든 것은
잠시도 고정되어 있지 않고
긍정과 부정의 어느 방향이든
끊임없이 변화 발전한다

사람은 누구나 추락보다는
상승의 방향을 희망하지만
기대와는 달리 상승과 하락은
순환하며 반복을 거듭할 뿐

상승한다고 너무 기뻐할 일도
추락한다고 너무 슬퍼할 일도 아니다
높이 올라가면 바람 타서 흔들리기 쉽고
낮게 추락하면 바닥에 닿아 일어서기 쉽다

세월은 누구에게나 공평하다 했다
홍시가 떨어지기를 기다리며
감나무 밑에서 안달하기보다
최선을 다하며 분수에 지족하는 것이
오히려 상승을 위한 바른 태도 아닐까?

(2021.09.10.)

관심

관심은 부모님의 괜찮다는 말에서도
고독과 외로움을 읽을 수 있고
소낙비가 쏟아지는 날씨에도
구름 뒤에 숨어있는 햇빛을 볼 수 있어서
불공대천의 원수라도
로미오와 줄리엣을 낳을 수 있다

무관심은 부모님의 보고 싶다는 말조차
용돈 타령이라 여기게 하고
먹구름이 덮인 하늘을 보고도
우산 없이 길을 나서 비를 맞게 되듯
사랑했던 부부 사이라도
마침내 다시 못 볼 원수로 만든다

관심은 세상의 어떤 고통도 어려움도
덜어주고 해결해주는 만병통치약이자
엄마의 약손이고 사랑이고
세상을 아름답게 채색하는 무지개다

(2021.09.12.)

훌륭한 글

형식이 규정을 벗어나 어지럽고
미사여구만 나열되어 표현이 난삽하며
수사법이 문맥에 맞지 않고 어색하여
무엇을 말하는지조차 알 수가 없으면
엉터리의 허접한 글이다

형식이 잘 훈련된 강아지처럼
규범에 맞아 질서 있고
표현은 길들인 천리마처럼 생략과 함축이
적절하고 통일성이 있으며
수사법도 기발하고 원칙을 준수하여
주제가 분명하면 잘 쓴 글이다

형식이 법고창신하여 낯설지만 매력적이며
표현은 규범을 벗어났으나 독창적이고
수사법은 제멋대로지만 참신하여
주제가 이현령비현령하면 훌륭한 글이다

훌륭한 글은
처음 읽을 때는 머리를 주억이고
두 번 읽으면 손뼉을 치며 환호하고
세 번 읽을 때는 감동해서 가슴을 치며
행동이 변하게 되는 그런 글 아닐까

(2021.09.19.)

혼밥

부모가 먹다 남긴 음식
자식은 먹기 꺼려해도
자식이 먹다 남긴 음식
부모는 달게 먹는다

자식이 주는 적은 용돈
부모는 함부로 쓰지 못해도
부모가 아껴서 남긴 재산
자식은 많아도 부족할 뿐이다

늙은 아내와 남편 한 주에 며칠씩
손자녀 양육을 위해 각자도생하며
혼숙 혼밥해야 하는 생활

어차피 함께 있어도
소가 닭 보듯 하는 것은 매한가지
달라지거나 좋아질 것은 전혀 없지만

그래도 섭섭하고 안타까운 것은
그을린 지난 세월이 무색하기 때문일까
늙은이의 잘못된 심술보 탓일까

(2021.09.28.)

태풍 속 산책

태풍 찬투가 부산에 가장 근접한 시간
코로나19로 진력이 난 갇힌 생활
태풍마저 괴롭힌다는 괘심한 생각에
태풍 속 산책을 결심하고

비바람을 맞고 젖을 각오를 한 뒤
반바지와 맨발에 샌달을 신고
반소매 위에 비옷을 단단히 단속한다

산책로에 들어서자
바람이 무서운 기세로 밀쳐
뺄- 뺄- 뺄- 뒤로 밀리기도 하고
옆으로 몰아쳐 휘청이기도 할 때는
금방 자신의 행동을 후회하기도 하지만

집 나설 때의 자존심을 생각해서
억지로 참고 걷노라면 잠시 후에는
저절로 바람을 등지거나 피하는 요령이 생겨서
맑고 좋은 날씨에 걷는 것보다
오히려 싱겁지 않고 재미가 있다

마침내 처음 목표했던 만보를 다 걷고
평소보다 훨씬 많은 엔돌핀을 만들며 귀가할 때는
잘 준비하고 고통을 감내할 각오만 되어 있다면
인생살이의 어떠한 도전도 마찬가지가
아닐까 하는 건방진 생각도 해본다

(2021.09.17.)

인간세상

아직 인간의 발길이 닿지 않은 자연을
일명 지상의 낙원이라 한다면
인간이 이룬 문명 세상은
지옥임을 스스로 자인하는 것

인간 스스로 낙원을 파괴하고
자신들이 만든 문명 세상을
지옥이라 인정하면서도
인간들은 왜 끊임없이 문명을 추구할까

인간은 누구나 낙원에서
행복한 삶을 염원하고
행복하기 위해서 산다

인간의 삶이 행복해지려 애쓸수록
오히려 낙원이 파괴되고 지옥이 된다면
왜 새로운 삶의 방식은 모색하지 않을까

지옥 속의 작은 행복조차 잃을까
걱정하는 착각 때문 만일까

(2021.09.22.)

감투

권력이 부와 명예와 행복을
좌우하는 사회에서는
권력의 수단이 된
감투를 향한 투쟁은
어떤 수단과 방법도 불사 한다

권력을 향한 행진은
오늘도 어제와 다를 바 없어
먹기 위해 목숨을 바치는 짐승처럼
감투를 위해 기꺼이 목숨도 바친다

누구나 쓰고자 하는 감투지만
감투에도 분수가 있어서
분수를 도외시한 벼락감투는
마침내 벼락을 맞고야 만다

행복한 감투는
감투의 크기와 높이보다
오히려 백이와 숙제같이
감투를 멀리하는 그런 감투 아닐까

(2021.09.16.)

삶의 방식

맹추孟秋에 산행을 하다보면
벚나무는 단풍들기도 전 잎이 지는데
옆의 침엽수는 계절을 아랑곳 않는다
어떤 방식이 바람직한 삶일까?

복숭아와 살구꽃은 따뜻한 봄에
너무 섹시하게 꽃피기 때문에
오히려 간신배 소인배로 배척당하고
국화와 매화는 가을 서리와
이른 봄 풍설 속에 꽃피기 때문에
지조와 절개의 상징으로 추앙받는다

도리화나 국매가 그렇게 피고 지는 것은
그들의 가장 적합한 삶의 방식일 뿐
인간들의 경계나 칭송과 무슨 관계일까

역사도 조작 왜곡되고 가진 자
힘 있는 자가 정의가 되는 세상에서
벚나무와 침엽수처럼 자기 멋대로
제 방식대로 사는 것은 잘못일까?

(2021.09.26.)

오지랖

오지랖은 찐 고구마다
고구마는 먹을 때는 달고 맛있지만
먹고 난 뒤에는 물이 없으면
목이 메고 가슴이 답답하듯

오지랖은 능력과 분수가 충분하면
찬사와 존중의 대상이 되지만
부족하면 분수를 모르는 푼수가 된다

분수와 능력도 모르면서
오지랖을 함부로 넓혀서는 안 되지만
그렇다고 능력과 분수만 탓하고
좁히고 움츠려서는 더욱 안 된다

돈키호테는 무식하고 무모했기에
콜롬부스는 분수를 돌아보지 않았기에
오히려 용감하고 과감할 수 있어서
오늘까지 동경과 추앙의 대상이 되었듯

일은 사람이 꾀하지만
성사는 하늘에 달렸다
넓은 오지랖이 없이는
혁신도 변화도 발전도 없다
오지랖은 오지랖이어야 제격이다

(2021.09.16.)

제3부

적자適者

정원수를 정지하는 요란한 기계소리
살아남기 위해 최선을 다한 나무들
안타까움에 오금이 저린다

계절과 날씨의 모든 시련을
맨몸으로 맞서 이겨낸 정원수
아무리 기운차게 잘 자라도
인간의 기호를 벗어나면
해마다 가지 잘려 피 흘린다

알을 잘 낳는 닭은 오래 살지만
잘 생긴 나무는 외모 때문에
오히려 일찍 베어지고
굽은 나무가 선산을 지키듯

진실로 잘난 것은 적자일 뿐
때와 상황에 맞게 잘 적응해야
천수를 누리고 재목이 되는 것은
인간의 삶도 마찬가지 아닐까

(2021.10.08.)

노老부부

친구 병문안 갔다가
저물녘 귀가하는 남편
여보! 나 왔어

아니 몇 시인데 이제 와요?
친구와 모처럼 만나 막걸리 한 잔 했는데
지하철에서 깜빡 잠이 들었어

날선 목소리로 저녁밥은? 하고 묻는다

순간 불길한 낌새를 눈치 챈 남편
응. 배고파서 오는 길에 뭘 좀 먹었어
저녁밥 안 먹어도 돼

그제야 누그러진 목소리로
응. 알았어. 한다

하루 세끼 밥 힘으로만 사는 늙은 남편
오늘도 배고프고 허기져도
그냥 배가 부르다 한다

초저녁잠이 많은 남편
젊은 시절 고생시킨 응보라 체념하며
아내 몰래 물 한 잔으로 배를 속이고
억지로 잠을 청한다

(2021.10.10.)

엇장구

숭어도 망둑어도 함께 뛰는 선거철만 되면
유권자들은 누가 더 나쁘고 못났는가보다
누가 더 잘할 수 있고 잘났는가에,
입후보자의 부정적인 과거보다
지금의 후보자들이 무슨 생각을 하며
유권자들의 현재 삶과 미래에 대해
무엇을 어떻게 할 것인가에
더 관심이 많은데
후보자들은 오십보백보인 상대 후보자의
과거와 결점을 들추고 침소봉대하며
상대의 늑골을 움켜쥐고 목을 비틀려고만 한다

금수저로 태어나 무위도식한 자가 아니고
흙수저로 태어나 거친 세파를 헤치며
자신의 인생을 새롭게 개척한 인물이라면
정도의 차이는 있지만 손에 더러운 오물을
한 번도 묻혀보지 않은 사람이 없다는 것을
척박한 현실에 목숨 걸고 살아가는 유권자라면
누구나 알고 있고 그럴 수 있다고 이해도 한다

후보자와 유권자의 시각이
맞장구를 치지 못하고 엇장구를 치는 것이
결국 승부의 결정적 요소가 된다는 것을
후보자는 모르고 있는 것일까
입만 열면 상대에 대한 비난과 비방으로
날을 지새우는 것을 보면

(2021.10.24.)

대장장이

작가는 대장간의 대장장이다
대장간에서는 불꽃이 강할수록
무쇠 조각은 말랑해지고
쇠망치로 두드릴수록 넓게 펴지고
담금질은 할수록 단단해져서
대장장이가 뜻하는 대로
무엇이든 새로 만들 수도 있고
낡은 것도 새롭게 고칠 수 있듯

작가도 언어의 조각인
낱말을 모으고 고르고 엮고
불꽃같은 열정으로 갈고 다듬을수록
새롭고 단단하고 야무진 작품을
창조할 수 있다

작가가 언어를 갈고 다듬어서
새로운 작품을 창작하는 과정은
대장간의 대장장이가 강한 불꽃과
무쇠 조각과 쇠망치를 사용해서
새 연장을 만들거나 낡거나 닳은 연장을
새롭게 벼리는 과정과 다른 것일까

(2021.10.11.)

아침

지난밤의 어둠과 근심을 털고
맑고 밝고 화사하게
어김없이 찾아오는 아침

어떠한 대가를 지불하지 않아도
특별한 기대를 하지 않아도
하루도 빠짐없이 찾아오는 너

너는 인간에게 새로운 시작과
희망과 출발을 가져다주고
삶의 의미를 만들게 하지만
하루도 게으름을 피우거나
불평을 말하는 법이 없다

아침이 없이는 오늘도 내일도 없지만
저녁에 과음한 날은 감사는커녕
오히려 찾아온 너에게 원망을 해도
너는 언제나 밝은 얼굴로 나를 맞는다

받기만 하고 줄 것이 없는 나는
너의 무한한 힘과 끝없는 사랑에
오늘도 부끄러운 염치로
내일의 기대와 찬사를 보낼 뿐이다

(2021.10.29.)

안양지

코로나19 피접 나서
안양지 이팝나무 그늘에 자리를 깔고
더위를 터는 손녀의 애교에
한낮의 무료함을 잊을 무렵

늦더위에 지친 가을 산도
더운 몸을 식히려는지
안양지에 풍덩 뛰어들자
솜사탕 구름 이는 안양지
갑자기 물구나무선 가을 산이
빨갛게 익어간다

밀양강변 영남루 아래
아랑각을 둘러싼 대나무 숲도
손님이 반가운지
대쪽 같은 서늘바람
안양지로 불어 보내
가을 더위 식혀준다

(2021.10.09.)

*안양지 : 밀양시 안양에 있는 연못 이름.

양면성

감염병은 환자에게는 재앙
제약사에게는 새로운 기회

돌도 길가에 놓이면 걸림돌
물가에 놓이면 디딤돌

죽음조차도 죽은 것에게는 불행
굶주린 짐승에겐 또 다른 행복

나의 승리는 상대의 패배
상대의 성공은 나의 실패

선악도 호불호도 행불행도
입장과 관점과 처지에 따라
다르게 보이고 받아들인 것일 뿐

모든 것은 원래 가치중립적이고
결과는 양면의 한 쪽일 뿐
어떤 것도 일희일비할 것은 아닌 듯

(2021.10.06.)

어머니

한 명의 형과 다섯 명의 누나 밑에
십남매 중 일곱째로 태어나
한 번도 어리광과 투정을 부리거나
특별한 사랑을 받아본 기억도 없지만
어머니 가신 지 십여 년이 넘어서도
생각할 때마다 풍수지탄을 어찌하지
못하는 것은 무슨 까닭일까?

형님이 공부를 싫어했기에 망정이지
가정형편상 그렇게 공부하고 싶어 했던
누나들을 제치고 내가 대학에 진학할
확률은 거의 없었는데 다행히 형님과
누님의 희생 덕분에 나는 큰 능력도 없이
시골 마을에서 처음으로 대학을 졸업했다

일 잘하는 농부가 되기를 바라시는
아버지의 뜻을 어기고 공부를 시킨 것은
오로지 어머니의 뜻이었던 점을 생각하면
내가 이렇게 시를 쓰며 편히 지내는 것도
다 어머니의 덕분이니
어찌 그리워하지 않을 수 있을까마는
무작정 이유도 때도 없이 그리운 것은
단지 은혜에 대한 고마움 때문 만일까

(2021.10.30.)

역설逆說

나이 들어 눈도 귀도 머리도
나빠진다고 걱정하면
쓸데없는 것 보지도 듣지도 말고
좋지 않은 추억 잊어버리라는
배려라고 위로 한다

위로가 위로일 뿐이고
현실과 다르다고 해도
가는 세월 어쩔 수 없다면
보고 듣고 기억하고 싶은 것만
보고 듣고 기억하는 것은
얼마나 큰 축복인가

어차피 여생이 멀지 않았다면
좋은 것만 보고 듣고 기억해도
부족한 시간이고 인생인데
많이 보고 잘 듣고 오래 기억한다고
삶이 더 즐겁고 행복하겠는가

모든 것은 양면성이 있으니
같은 값이면 긍정적인 쪽으로
보고 듣고 판단하는 것이
안심입명의 지름길 아닐는지

(2021.10.08.)

오늘

나의 선택과 호불호에 관계없이
70년이 넘도록 하루도 빠짐없이
찾아왔고 찾아온 오늘

오늘이 없다면
어제도 그제도 없고
내일도 모레도 없다

오늘이 있어야만
모든 존재가 존재하는 오늘
만물의 존재 이유이자 근본이다

이제까지 오늘보다는
내일을 위해 살아온 삶
바탕은 언제나 오늘이었다

어떤 대가도 바라지 않고
어김없이 찾아와 준 오늘에 감사하며
오늘도 오늘에 최선을 다할밖에

(2021.10.19.)

착각錯覺

못난 사람도
스스로 자신이 정말 못났다고
남만큼 인정하지는 않는다

잘난 사람도
자신은 남들이 생각하는 것만큼만
잘났다고 생각하지도 않는다

잘났거나 못났거나 잘하거나 못하거나
사람은 누구나 객관적인 관점보다
아전인수격으로 생각하고 판단해서
팔을 안으로만 굽히는 것이 인지상정이다

사람마다 정도의 차이가 있을 뿐
누구나 떡 줄 사람은 생각도 않는데
김칫국부터 마시는 정치인들처럼
주관적인 판단과 착각 속에 살아간다

착각은 실패와 좌절을 가져오기도 하지만
오히려 다시 일어설 수 있는 용기도 주기에
어쩌면 양면성을 지닌 필요악 아닐까

(2021.08.06.)

코스모스

길가에 여럿이 줄지어 서서
길손을 위로하고 반갑게 맞이하는
가을의 전령사 코스모스

황갈색 꽃술을 둘러싸고
분홍색 꽃잎들이 함께 모여
가을을 환호하는 해맑은 모습

파란 가을하늘 아래
바람이라도 산들산들 부는 날은
분홍색 치마를 팔랑이는
사랑스런 여인이다

과일도 새콤달콤해야 더 맛있고
인생도 희로애락이 있어야 살맛이 나듯
코스모스도 바람에 흔들려야 제멋이다

(2021.10.07.)

잡부雜夫

공사장 등에서 특별한 기술이 없어도
건강한 사람이라면 누구든지 할 수 있는
아무 일이나 담당하는 잡부
어디서든 몸으로 때워야 하는
가장 힘든 일을 가장 많이 하면서도
대접은 제대로 받지 못하는 존재

잡역부의 일은 겉으로 보기에는
어떤 기술도 능력도 필요 없지만
잡역에도 요령과 숙련이 필요해서
잡부의 끝마무리에 따라
기능공의 일이 더 빛나기도 하고
평가절하 되기도 하지만
단지 시간문제의 능력이라는 점에서
어떤 평가도 제대로 받지 못한다

잡부는 평생 일해도 잡부일 뿐이고
평생 한 번도 특별한 대접이나 대가를
받아보지도 못하지만 몸에 이상이 생기면
스스로 일자리를 그만 둘 수밖에 없는
힘들고 서글픈 일용직일 뿐
흙수저로 태어나
평생 어쩔 수 없었던 잡부
자신의 못난 운명을 탓할 수밖에 (2021.10.22.)

욕심의 허실虛失

인간의 주관적 만족감이 행복이고
행복은 목표의 달성을 통한 성취감이라면
욕심을 비워야 행복해진다는 말은 거짓말

욕심을 비우는 것은
목표를 포기하는 것이고
목표가 없으면 실패와 좌절도 없겠지만
성취를 통한 만족도 없고
만족이 없으면 진정한 행복도 없다

행복은 성취할 목표가 있어야 하고
성취하려면 욕심이 있어야 가능하기에
욕심이 없으면 불행도 없지만 행복도 없다

욕심은 모두 비우고 버려야할 것이 아니라
불행하지 않을 만큼만 조절하고 관리해야할
양면성을 지닌 필요악 아닐까

(2021.10.25.)

말의 이면

개천에서 용이 났다는 말은
용천에서 용이 나는 것은 당연한 일이지만
개천에서는 용이 나기 어렵다는 뜻일 뿐

돈과 빽과 능력을
다 가지고 태어나면 금수저요
다 없으면 흙수저라는 말도
개인의 노력이나 능력만으로는
성공할 수 없다는 뜻일 뿐

소부小富는 부지런하면 이룰 수 있고
대부大富는 하늘이 낸다는 말도
결국 개인의 노력만으로는
큰 부자가 될 수 없다는 뜻일 뿐

개천의 용이나 대부나 금수저와 같은 말은
인간 세상은 어쩌다 예외적으로
돌연변이가 일어날 수는 있지만
결국 개인의 노력만으로는 어쩔 수 없는
한계와 운명이 있다는 자조적인 말일 뿐

(2021.10.30.)

요일의 착각

한주가 몹시 길게 느껴진 어느 날
목요일을 금요일로 착각하면
얼마나 즐거운 다행인가

착각임을 깨달았을 때 느껴지는
당혹감과 상실감은 이만 저만 아니지만
한주가 끝났다는 홀가분한 생각과
주말에 등산이라도 가서 오늘을 잊고
기분전환을 하려던 계획은 또
얼마나 큰 기쁨이고 행복인가

게다가 착각의 시간이 짧았고
별다른 문제가 발생하지 않았다면
착각을 깨닫고 난 뒤에도
삶에서 금요일이란 하루가 더 생겨났고
생명이 연장된 것 같다는 생각에
또 다른 기쁨도 느낄 수 있지 않겠는가

요일의 착각은 가끔 행운일 수도 있다

(2021.10.14.)

늦더위

봄에 일찍 꽃이 핀 벚나무
벌써 낙엽 져서 꾀벗었는데
아직도 삼십도를 육박하는 더위

가을도 봄처럼 오는 듯 가고
가고 난 뒤에야 왔음을
느끼게 하려는지
늦더위가 기승을 부린다

계절은 때를 어김이 없어
자연은 아침저녁 색동옷 차려입고
가을 마중 한창인데

사람들만 헛된 욕심에
오는 가을 보지 못하고
늦더위만 탓하고 있구나

(2021.10.06.)

양산 통도사

코로나로 3년 만에 찾은 양산통도사
위엄 있고 웅장한 모습은 여전했으나
너무 깨끗하고 새뜻하게 단장된 모습은
오히려 천년 고찰의 고상하고 우아한
이미지를 훼손하는 듯

경내로 들어서기 전 문 앞쪽에 세워 둔
대종사와 율사들의 웅장한 부도와 비석들도
열반한 고승 대덕들의 뜻은 아닐 터이지만
부처님의 가르침을 왜곡하는 세속적 욕망과
공명심의 또 다른 표현일 뿐이란 생각에
오히려 금강계단이 허망한 듯

경내를 단장한 국화의 장식과 축제도
아름다움과 향기는 가을의 정취를
만끽하고 즐기는데 부족함이 없었으나
국화꽃의 향기가 진하고 아름다울수록
절간의 공간은 넉넉해지겠지만
욕심을 비우라는 부처님의 가르침은
오히려 헛되고 왜곡되는 듯

걸어서 극락암에 도착하여
그때까지의 부정적 생각을 돌리려 애써보지만
주차장에 빼곡하게 들어찬 고급 승용차와
방문객들의 와글거리는 웃음소리는
오히려 불교의 탈속화란 명제에 대한
회의만 키울 뿐이었다

(2021.10.23.)

선과 악

억새꽃을 구경하러
힘들게 올라간 가을 승학산
칡덩굴에 짓눌린 안타까운 억새밭

약육강식과 적자생존의 자연에서
토끼가 풀을 먹고
늑대가 토끼를 먹는다면
억새밭을 칡덩굴이 뒤덮어 망친다면
담쟁이가 소나무를 타고 올라 죽게 한다면
무엇이 선이고 무엇이 악일까

선악의 기준도
인간 중심으로 만들어진 것이라면
개인이나 공동체나 국가나 종족도
결국 그들 자신의 이익여부일 뿐
절대적인 선과 악은 없다

인간이 자신을 위해
자신의 관점에서 선악을 판단하여
다른 종의 적자생존에 간섭한다면
그 자체가 분수에 넘치는 악이 아닐까

(2021.10.18.)

구름

하늘을 지배하는 실질적 제왕은
태양이 아니라 구름이라 하면
잠꼬대 같은 헛소리일 뿐일까

아침 해가 아무리 찬란해도
먹구름이 하늘을 한 번 덮으면
세상은 단숨에 어둑 컴컴 변색하고

한낮의 땡볕이 아무리 맹위를 떨쳐도
구름이 하늘을 가리고 비라도 뿌리면
더위는 저절로 맥을 놓게 된다

하루의 태양이 아무리 걸음을 재촉해도
하늘가에 떠 있는 흰 구름은
숨 가쁜 나그네에게 한가함을 선물한다

이렇게 겉과 속이 서로 다른 것은
소인배가 제왕의 눈을 가리면
금방 캄캄해지는 인간세상과 같은 이치

(2021.10.14.)

시작과 끝

시작은 끝을 향해 가고
끝은 또 다른 시작이 되니
끝이 시작이고 시작이 끝이 되어
시작과 끝은 돌고 돌면서
순환하고 반복할 뿐
둘이면서 하나이고
하나이면서 둘이다

시월의 시작은 구월의 마지막 날이었고
시월의 마지막 날은 십일월의 시작일 뿐
시작이라 기뻐할 일도
끝이라 슬퍼할 일도 아니다

그래도 기쁘고 슬픈 것은
시작의 기대와 성취여부만이 아니라
생의 끝은 어디이고
또 다른 시작은 어디인지
알 수 없기 때문 아닐까

(2021.10.31.)

승학산 억새밭

64년 만에 덮친 가을 한파
발밑에 부서지는 낙엽의 비명과
때 이른 찬바람에 떨고 있는
나뭇잎들의 신음소리를 들으며
아침 일찍 오른 승학산 억새밭

산은 옛날과 여전하고
답답한 마스크를 통과한 찬바람은
오히려 신선한 느낌을 선물하지만
옛 영화의 화려함만 되새김질하는
퇴색한 억새는 새로운 격세지감

터 좋은 곳에 자리 잡은 몇몇 억새만
헌칠한 키에 우아한 몸매를 자랑할 뿐
벌써 많은 곳은 칡덩굴이 억새를 덮었고
군데군데 자리한 들국화와 벌꿀식물도
억새밭의 불길한 내일을 예고하는 듯

인간이 개입하면 칡과 다른 식물의
땅따먹기 놀이 같은 생존경쟁을
조정하고 제거할 수는 있겠지만
칡과 억새의 관계도 섭리일 뿐이라면
번복하는 인간의 삶처럼 안타까울 뿐

(2021.10.17.)

제4부

시詩 전시장 풍경

시詩전시장 안에는 아름다운
봄꽃도 가을 단풍도 사계절도
인간 삶의 절절함도 다 있지만
시를 감상하는 관람객들만 없다

문간에는 손님을 기다리는 안내원이
어쩌다 들려오는 방문객의
발자국 소리에 화들짝 놀라고
출품 작가들만 시를 둘러보러 오지만
함께 온 가족들과 사진 한 장 찍으면
그만이라는 듯 투덜대는 손자녀의 불평을
핑계로 그들마저 금방 자리를 뜨고 만다

지성과 이성보다는 감성과 쾌락만 쫓고
삶에 대한 잠시의 반성과 성찰도 없이
물질만 있으면 행복할 수 있다는 것인지
유원지나 관광지는 주차장이 미어터지고
어깨 처진 출품자들만 전시장을 맴돌 뿐
전시장엔 가을바람만 설렁하다

(2021.11.07.)

신라왕릉

신분이나 업적이나 시대에 따라
무덤의 크기나 장지가 달라지기는 하지만
흙으로 둥글게 쌓아 올리기도 하고
돌로 평평하게 만들기도 해서
송장이나 유골을 땅에 묻어 놓은 곳을
무덤이라 하고 여럿이 함께 모여 있으면
공동묘지라는 것은 예나 지금이나 마찬가지

경주에 가보면 서민들의 집채보다 큰
왕들의 무덤이 모여 공동묘지를 이루고 있고
후손들은 구경꺼리라 하여 모여들어
'멋지다 대단하다' 하며 감탄한다
뿐만 아니라 임자 없는 무덤이라 하여
시도 때도 없이 파헤쳐서 그 안에 무엇이
들어있는지 확인하고 꺼내어 구경한다

권력과 부를 가진 자들이 살아서의 부와 권위를
후손들에게 자랑하기 위해 천하 명당을 골라
특별히 마련하고 차지한 영면의 자리였는데
도리어 후손들에게 인생의 허무와 무상만을
느끼고 깨닫게 하는 구경꺼리로 전락되었다면

크고 대단한 무덤이 조상들에게는 영광이고
후손들에게는 자랑이고 귀감이 될까

송장이나 유골이 영면한 곳이 무덤이라면
후손들에 의해 파헤쳐지고 돈벌이 수단으로
전락하여 떠들썩하게 구경거리가 되기보다
평범하게 묻혔다가 자손에게 버림받으면
봉분조차도 사라지고 조용히 잊혀지는
민중이나 기층민의 이름 없는 무덤이
오히려 영면을 위한 진정한 명당 아닐까

(2021.11.13.)

역할

세상에는 존재할 이유도 필요도 없거나
없으면 더 좋을 것 같은 존재도 있지만
하늘은 록祿이 없는 존재를 낳지 않고
땅도 이름 없는 풀을 낳지 않는다는 말처럼
이 세상에는 필요 없는 존재는 없다

범죄자조차도 많아지고 악이 커질수록
사법부와 경찰이 득세를 하고
불도 자주 나야 소방서가 인기를 얻고
어둠이 있어야 밝음의 소중함을 알듯
모든 것은 상대적이거나 필요악일 뿐

학교 운동장 모서리의 느티나무도
아름다운 봄꽃도 가을 열매도 없고
겨울에는 낙엽 쓸기만 힘들게 하지만
가을이 되면 남들보다 먼저 잎새 끝부터
발그레 물들어 연지 찍은 새색시 볼보다
보는 사람의 가슴을 설레게 하고
아름답고 환상적인 가을을 붉게 물들인다

(2021.11.04.)

손뼉

소슬바람에
옆구리가 시릴수록
더욱 생각나는 사람

너를 사랑할 때나
미워할 때도
네 마음은
항상 나였으면 기대하지만

너와 나는
손바닥의 손뼉처럼
한 번도 딱딱 소리 나게
마주친 적 없다

손뼉은 한쪽이 기다려주거나
서로 조금씩만 양보하면
언제나 어긋나지 않고
칠 때마다 기쁨의 소리 날 수 있듯
우리의 마음도 마찬가지 아닐까

(2021.11.11.)

끄나풀

남의 앞잡이 노릇을 하는 끄나풀은 복녀*다
처음에는 도덕과 양심 때문에 쭈빗거리지만
몇 번 해보고 작은 이익이라도 챙기게 되면
재미가 나서 점점 적극적으로 아첨하게 된다

그러나 복녀가 또 다른 복녀에게 밀려
결국 버려지고 죽음을 자초하게 되듯
끄나풀도 작은 대가에 기뻐하며 참여하지만
이용이 끝나면 끄나풀처럼 버려지게 되고
마침내 비참한 최후를 맞게 된다

남을 음해해서 작은 이권과 편리를 챙기는
가늘고 비겁한 끄나풀이 아니고
굵고 당당한 동아줄로 살려면
권력의 비정함과 끄나풀의 비참한 말로를
먼저 헤아려봐야 하는 것은 아닐까

(2021.11.19.)

* 복녀 : 김동인의 소설 감자의 주인공 이름

늙으면

화려했던 과거는 과거일 뿐
할 일도 할 수 있는 일도 없어
있어도 그만 없어도 그만이거나
있으면 오히려 성가신 존재인 노인

오라는 곳도 갈 곳도 없어
함께 있어도 혼자이고
혼자 있어도 혼자라서
언제나 혼자일 뿐

눈도 침침 귀도 침침
잘 보이지도 들리지도 않지만
가끔 하고 싶은 말은 있어도
듣거나 듣고 싶어 하는 사람도 없다

어차피 혼자 왔다가
갈 때도 혼자 가는 인생
어떤 미련도 기대도 다 내려놓고
혼자 사는 삶이나 배울 수밖에

(2021.11.17.)

하늘의 별따기

별은 희망 성공 행복을 상징하고
이들은 이루거나 얻기 어렵기 때문에
하늘의 별따기란 말이 생겼지만
도회지의 밤하늘은 불빛이
너무 밝아서 별을 볼 수가 없어도
산촌의 밤하늘은 어둡기 때문에
오히려 별을 보기 쉽다

도시의 밤하늘은 아무리 맑고 밝아도
온갖 욕심과 욕망이 밤낮을 가리지 않고
들끓고 있기에 오히려 별이 보이지 않고
시골의 밤하늘은 아무리 어두워도
욕심을 줄이고 순박한 마음으로 살기에
어두울수록 별이 찬란하다면 말장난일까

희망과 성공과 행복도
욕심을 줄여야 마음먹기에 따라
이룰 수도 있는 것이며
별도 눈으로 보고 따는 것이라기보다
오히려 마음으로 보고 따는 것이라면

별은 현실의 성공여부에 있는 것이
아니라 마음속에 존재하는 것이기에
몸이 어디에 있든 밤의 색깔이 어떠하든
마음먹기에 따라 어디서나 볼 수도
딸 수도 있는 그런 것이 아닐까

(2021.11.04.)

행복의 비결

빽도가 있는 윷놀이에서
상대의 말이 턱밑까지 추격해서
멀리 도망가지 못하면 곧 죽게 되었을 때
윷이나 모보다 나오기 힘든 빽도가 나와
오히려 상대의 말을 잡고 승리하게 되었다면
빽도는 전화위복의 큰 행운이라 할 수 있다

그러나 행운은 쌍으로 오는 법이 없고
불행은 홀로 오는 법이 없다는 말처럼
감나무 밑에 낮잠 자다가 하품할 때
요행히 홍시가 입으로 떨어지거나
수주대토할 때 토끼가 다시 나타날 확률은
천재일우의 매우 희박한 가능성일 뿐이며
그것조차도 행운으로 연결 될 경우는 드물다

인생살이도 빽도처럼
앞으로 엎어졌는데 콧구멍에 동전이 끼이고
털썩 주저앉았는데 돈자루를 깔고 앉거나
로또복권을 주웠는데 일등으로 당첨되는
그런 행운은 진정한 행복과는 거리가 멀어서
뜻밖의 행운은 도리어 불행의 씨앗이 되기 쉽다
행운의 백일몽만 꿈꾸지 말고
열심히 노력하고 분수에 만족하는 것이
오히려 진정한 행복의 비결 아닐까(2021.11.28.)

낙엽

저문 가을 소슬바람에
이리저리 구르던 낙엽이
구석구석에 쌓일 때면

이른 봄 눈 속에 꽃피던 매화나무 잎도
봄을 호령하며 환호를 받던 벚꽃나무 잎도
여름더위를 식혀주던 무성한 느티나무 잎도
단풍으로 가을을 웅변하던 단풍나무 잎도

과거의 영화와 영광은 흔적도 없어지고
하나같이 낙엽이란 이름만 남긴 채
소리 소문도 없이 사라지듯

사람도 낙엽처럼 죽기만 하면
임금도 장군도 부자도 가난뱅이도
잘난 사람도 못난 사람도
시신이란 이름으로만 불리다 사라질 뿐

영광도 업적도 영화도 이름도
모두 살아남은 자의 몫일 뿐
이미 죽은 자에게 무슨 소용? (2021.11.17.)

산에나 가자

오라는 곳도 갈 곳도 없고
올 사람도 갈 사람도 없고
기대할 것도 안타까워할 것도 없다

반기지도 미워하지도 않고
시비도 원망도 슬픔도 외로움도 없이
언제나 그 자리를 지키는 산에나 가자

그곳에는 나처럼 진종일
우두커니 서있는 나무도
한마디 말도 없는 바위도 있고
가끔은 나를 닮은 또 다른 나도 있다

바람이라도 불면 알아들을 수는 없지만
소곤소곤 쏴쏴 온갖 이야기도 들려주고
손을 흔들어 반겨주는 산에나 가자

언제 가도 한번은 가야할 산에나 가자
나무와 바위를 친구 삼아 바람이 들려주는
뜻 모를 이야기를 들으며 하나가 되자

(2021.11.16.)

미운털

눈에 사랑의 콩깍지가 씌면
상대의 눈에 난 다래끼도 보석으로 보이고
미운털이 박히면
눈이 반달 같아서 밉다고 하듯

양귀비도 조비연도 장희빈도
한 때는 다래끼도 보석이었으나
결국 미운 며느리의 달걀 같은
발뒤꿈치로 죽었다

세상 만물은 있는 대로 보는 것이 아니라
보는 대로 존재할 뿐이라서
눈에 보이는 것만이 진실이 아니고
보고자 하는 마음일 뿐이라면

세상 어떤 것도 마음먹기에 따라
미운털도 되고 보석도 될 수 있으니
차라리 미운털은 뽑아버리면 어떨는지

(2021.11.30.)

세상 이치

봄꽃이 아무리 화사해도
가을 단풍까지 멋진 나무가 드물고
가을단풍이 아무리 정열적이어도
봄꽃마저 아름다웠던 나무가 드물 듯

세상도 양지가 있으면 음지가 있고
산이 높으면 골도 깊고
오르막이 있으면 내리막도 있어서
세상 모든 것은 상대적일 뿐
물 좋고 정자 좋은 곳은 드물다

인생살이도
말 잘하고 허우대가 멀쩡한 남자
속빈 강정처럼 실속이 없고
일 잘하고 손끝 매운 여자
일복만 많은 경우가 많듯

인간만사도 상대적이거나 공평해서
끝을 보면 도진개진 하니
하루하루 어떤 것도
일희일비할 것은 아닌 듯

(2021.11.02.)

단풍시샘 추위

가을이 익기도 전 십일월 초순에
갑작스럽게 찾아온
차가운 가을비와 눈보라는
봄에 계절을 역행하고 봄꽃을
시샘하던 꽃샘추위처럼
계절을 재촉하고 가을 단풍을 시샘하는
단풍 시샘 추위다

자연도 질서가 있고 순서가 있어서
제 때에 피고 저야 크게 이룰 수 있고
먼저 핀 꽃과 잎은 먼저 진다지만
단풍시샘 추위를 만난 가을 단풍은
제대로 한 번 물들어보지도 못하고
찬 비바람에 시들어 떨어지고 만다

때도 가끔은 때를 지킬 수 없는 것이라면
약속과 목숨을 맞바꾸는 미생의 미련보다
물 들어왔을 때 노를 젓는다는 말처럼
차라리 먼저 물들고 먼저 지는 것도
오히려 더 현명한 처세가 아닐는지

(2021.11.08.)

명당

유명 관광지의 명승고적을 가보면
고적 자체의 아름다움도 대단하지만
그보다는 명당에 자리했기 때문에
유명한 명승고적이 되었다할 만큼
고적지 주변의 산세나 자리한 위치는
누가 봐도 명당이라 찬탄한다

봄이 되면 만인의 가슴을 들뜨게 만드는
벚꽃나무조차도 기름지고 후덕한 토양에
자리를 잡아야만 해마다 봄에는 꽃도 좋고
가을이 되면 단풍도 좋아서 사랑받지만
척박한 땅에 자리를 잡으면 빨리 늙고
꽃도 단풍도 신통찮아서 보는 사람들만
안타깝게 할 뿐 크게 사랑받지 못한다

인간도 금수저니 흙수저니 하면서
명당 같은 금수저를 비난도 하지만
될성부른 나무는 떡잎부터 다르고
왕대밭에 왕대가 난다는 말처럼
명당에 자리 잡아서 명승고적이 된 것인지

명승고적이 자리 잡아서 명당이 된 것인지
알 수는 없지만

현실은 좋은 환경과 가정에 태어나서
더 좋은 교육과 뒷받침을 받아야
더 쉽게 성공할 수 있는 것도 현실일 뿐

(2021.11.09.)

노인일자리의 노인

노인일자리의 노인들은 유기견이나 길양이다
그들도 한 때는 무엇보다 사랑받고 존중받던
변려견과 반려고양이였거나 애완동물이었고
사람보다 더 호사를 누리며 호가호위했었다

버림받은 이후에는 언제나 외롭고 무료하고
굶주렸으며 자선가들이 주는 먹이도
먹다 남은 음식 찌꺼기거나 부스러기일 뿐
그것조차도 항상 부족했다

그래도 굶주린 유기견과 길양이는
버려질 때의 어렵고 힘든 상황을 떠올리며
혹시라도 자선가의 마음이 변할까 걱정하고
항상 자선가의 눈치를 살피고 온갖 애교를 떨며
무조건 복종하려고 애를 쓴다

자선가는 매일 돌보고 먹이를 주겠다 약속했지만
어쩌다가 기분이 언짢거나 좋지 못한 소문이라도
돌면 근거도 애쓴 보람도 없이
모든 잘못을 유기견과 길양이의 탓으로 돌리고
자선을 끊거나 학대하고 협박까지 한다

일자리의 노인들도 계약직이면서도 일용직
취급을 당해도 지금보다 상황이 더 나빠질까
다음해의 일자리 신청에 영향이라도 미칠까
아니꼽고 더럽고 자존심 상해도 하고 싶은
말은 삼키고 바보인 체 헤헤거리며
무조건 죄송하다고 굽실거리는 유기견이다

(2021.11.15.)

백발白髮의 변명

사람의 백발은 나무의 곱게 물든 단풍이다
단풍은 노랗거나 붉을수록 아름답듯
백발도 티 없이 완전 백발일수록 더 멋지다

나뭇잎이 봄철에는 연두색 잎사귀로
삶의 생기를 북돋우고
여름에는 짙은 녹색으로
결실을 위해 최선을 다한 뒤
가을에는 생의 모든 임무를 끝내고
자신의 마지막 정열을 불태워
아름다운 단풍으로 생을 마감하듯

사람도 어려서는 방긋 웃는 웃음으로
부모를 즐겁고 행복하게 하고
성장해서는 또 다른 부모가 되어
가정과 세상을 위해 최선을 다한 뒤
노년이 되면 삶의 모든 질곡을 넘어온
훈장 같은 백발로 삶의 마지막을 장식한다

단풍이 진하고 짙게 물들수록
아름다움을 자랑하고 환호를 받듯
백발도 짙어질수록 부끄러운 것이 아니라
오히려 순백일수록 살아온 삶에 대한
자랑과 긍지를 보여주는 아름다움 아닐까

(2021.11.18.)

순간

순간은 영원이다
영원 없는 순간은 있어도
순간 없는 영원은 없어
순간이 모여서 영원이 될 뿐

순간의 선택이
성공과 실패
행복과 불행
삶과 죽음
인생도 역사도
바꾸고 새로 만들 듯

순간은 짧아도 길어서
영원은 순간의 아들딸일 뿐
언제나 순간은 영원으로 통한다

(2021.11.27.)

원로모임

천리마는 늙어서도
천 리를 달리던 생각만 한다지만
조랑말만 겨우 면할 정도였던 자칭 원로들
머리에는 세월의 잔해들이 하얗게 내려앉았고
어깨는 쪼부라들고 허리는 꾸부정한데
얼굴도 세파에 할퀸 흔적들이 역력하다

입만은 왕년과 여전하여
말할 때마다 입에 거품을 물고
남이야 듣든 말든
별반 의미도 가치도 없고
반복할수록 공허만 가중되는
쓸모없는 자기 자신의 자랑뿐인
'~라떼'와 '왕년엔 말이야'를 반복한다

누가 인정을 하든 말든
자부심과 자만심만 가득한
자칭 원로라는 인물들의 모임
자신의 자랑과 허세가 끝날 때쯤이면
누가 먼저랄 것도 없이 전세버스 안에는
코고는 소리만 요란할 뿐
스스로 경로하는 경로잔치가 되고 만다

(2021.11.11.)

경주 분황사

내 고등학교 시절을
어둡고 슬픈 회한과 좌절의 흑역사로 만든
불교 학생수련회 장소였던 경주분황사
오십여 년 만에 다시 찾아보았다

몽고군의 횡포를 이겨내고 천년을 넘어
웅장한 자취를 보여주던 무너진 삼층 석탑과
소정방과 세 마리 용 전설이 남아있는
팔각정八角井 우물만 여전할 뿐
그 때 그렇게 웅장하고 크게 보였던 건물과
여러 명의 승려와 매일 맛있는 찹쌀밥을 해주던
누더기 입은 공양주스님과 밤낮 불경을 외우던
내 나이 또래의 사미승은 자취도 없고
겨우 네 칸의 퇴락한 보광전 하나만 남았을 뿐
텅빈 건물터에는 가을바람에 이리저리 구르는
크게 자란 나무의 떨어진 잎들만이
옛날의 영화에 대한 쓸쓸함을 더하고 있었다

너무 안타깝고 허무한 마음에
오히려 부질없었던 한과 원망을 모두 내려놓고
왈칵 쏟아질 듯한 눈물을 삼키며
그냥 무심한 척 경내를 한 바퀴 둘러보니
전각도 사람도 간 데 없는 변화무쌍함에
새삼 삶의 허무와 제행무상을 절감할 뿐이었다 (2021.11.13.)

하루

인생 전체나 유구한 역사 속에서 보면
하루는 너무 짧고 하잘 것 없는 시간이지만
인생도 역사도 하루하루가 모인 것이고
영원도 하루의 연장선에 있는 시간 개념일 뿐

하루 동안에도 여러 가지 문제로
사람이 죽기도 하고 새로 태어나기도 하고
복권 등으로 인생 역전이 이루어지기도 하고
부도를 맞아 거지로 전락하기도 하며
사람마다 삶에서 일어날 수 있는 모든 일들이
다 일어날 수도 일어나지 않을 수도 있어서

하루는 너무 짧기도 하고 길기도 하며
할 일이 많은 사람에게는 하루 안에
너무나 많은 일이 이루어지거나 일어나서
하루가 너무 짧고 안타깝고 부족한 시간이지만
할 일도 하는 일도 없는 사람에게는
너무 길고 지루한 시간일 수도 있다

하루의 길이는 사용하거나 생각하기 나름일 뿐
긴 것도 짧은 것도 아니지만
하루가 모여 인생과 역사가 되는 것은 분명하니
의미 있고 아름다운 삶을 만들기 위해서는
길든 짧든 오늘 하루에 최선을 다할밖에 (2021.11.14.)

선한 마음

맑고 푸른 가을하늘처럼
깨끗하고 선한 마음은
마음의 창인 눈빛이 부드럽고
마음의 소리인 말이 따뜻해서
언제나 주변이 아름답게 맑아져
저절로 사람이 모이고 하는 일마다
뜻한 것보다 더 큰 열매를 맺게 된다

악한 마음은 눈빛이 사특하고
하는 말마다 험하고 거칠어서
주변에는 악취와 냉기가 돌고
함께 있던 사람들조차 의심하고
가까이 하기를 꺼려해서
같이 있어도 외톨이가 되고
마침내 일마다 되는 것이 없게 된다

선한 마음은 남을 돕기보다
먼저 자신을 돕게 되고
악한 마음은 남을 해치기보다
오히려 자기 자신을 먼저 해치고 만다

세상 모든 일은 마음먹기에 달린 것
선한 마음이 남을 해치지 않고도
자신의 뜻을 성취하게 한다면
구태여 악한 마음이 무슨 소용?

(2021.11.16.)

황룡사 구층탑

복원사업이 한창인 황룡사지와
황룡사 역사문화관에 가보면
거대한 절터와 구층 목탑의 높이는
당시의 종교적 신심과 호국사상
건축술과 예술성은 물론 문화적 역사적
사료의 가치를 지닌다는 점에서
감탄과 놀라움을 금할 수 없다

다만 전통문화는 현재 문화 창조에
도움이 될 수 있을 때 가치가 있고
역사라는 것도 인류의 현재와 미래의
새로운 역사 창조에 도움이 될 때만
의미가 있는 것이라면
황룡사와 구층탑의 복원도
관광을 통한 돈벌이가 목적이 아니라면
황룡사에 대한 철저한 고증과 역사의
기록이면 충분한 것이지
구태여 옛날의 원형을 현재에 복원할
필요가 있는 것일까

자랑스러운 문화의 파괴와 소멸은 안타깝지만
파괴와 소멸도 그 자체가 역사이고 문화라서
복원을 위한 그러한 노력과 재원이라면
차라리 미래의 새로운 문화와 역사 창조에
매진하는 것이 더 가치 있는 것은 아닐까

(2021.11.13.)

제5부

새해맞이

등 밀지 않아도 멋대로 가고
기다리지 않아도 저절로 와서
잡을 수도 막을 수도 없는 세월

새해에는
할 말이 많아도 없어도
안달하지도 바장이지도 않고
바위처럼 묵묵하게

안타깝고 서러워도
비굴하지도 애달파하지도 않고
낙락장송처럼 당당하게
너를 보내고 맞고 싶다

그렇게 또 한 해가 가고
새해가 다시 오지 않는다 해도
어떤 미련도 원망도 후회도
아쉬움도 의미도 두지 않고

아무런 감정도 생각도 없이
그냥 오고 가는 너처럼
나도 그렇게 오가고 싶다 (2021.12.30.)

동전

오늘이 가면 내일이 오고
올해가 가면 내년이 오듯
내일은 얼마든지 많이 있어서
언제든지 저절로 오는 듯하지만
사실은 조물주가 개인의 분수에 맞도록
균등하게 분배한 동전과 같다

젊은 시절은 동전의 개수가 많아서
주머니에 손을 넣어 봐도
얼마나 남았는지 알 수가 없어
허랑방탕하게 낭비할 수도 있다

나이가 익어서 무심코 주머니에 손을
넣었을 때는 놀랍게도 손안에 들어와
잡히는 동전의 수가 너무 적어서
남은 동전의 수가 어렴풋이
짐작이 될 때가 있다

안타까워서 가진 동전을 개수가 많은
더 낮은 단위의 동전으로 바꾸거나

지금까지 낭비한 동전을 되찾고 싶지만
어느 누구도 더 이상 바꾸거나
되찾거나 빌려올 수도 없다

얼마 남지 않은 동전
지금까지도 대수롭지 않게 사용했으니
이전처럼 그냥저냥 사용하다가
그것도 싫어지면 그냥 던져버릴까

많을 때는 몰라도 얼마 남지 않으면
무엇이든 안타깝고 소중하게
느껴지는 것은 동전도 마찬가지

소중한 것을 아깝지 않게 사용하려면
마침내 이루지 못할지라도
동전을 나름의 금화로 만들고
금화처럼 사용할 수밖에

(202.12.04)

생일

일 년에 한 번 고봉밥을 받으면
'오늘이 생일이구나' 여겼던 어린 시절
차린 것은 없어도 어머니의 사랑이
담겨 있어서 참 따뜻했다

칠십 번째 생일은 내 마음과 달리
자녀들의 바쁜 일정과 코로나 덕분에
간소하지만 화려한 점심 한 끼와
두꺼운 봉투 하나로 앞당겨 치렀다

오늘은 공식적 생일
아내는 엊그제 서울로 친정 나들이
자녀들은 바쁜 일상으로
전화 한통 없는 아침

나는 이른 아침 밥 한 공기
깍두기 배추김치 총각무김치
물 한 그릇 앞에 놓고
TV 기상게스트가 전하는 건강조심을
생일 축하 말씀으로 여길 때

먼 곳에 사는 대학교 동기동창의
뜻밖에 걸려온 생일 축하 전화 한통
통화 중 '사는 것이 뭐 별것 있나
다 그렇고 그런 거지 뭐' 할 때는
괜스레 목이 메고 눈물이 핑 도는 것은
느꺼운 우정 때문 만일까

(2021.12.17.)

시詩

음악은 소리
미술은 선과 색체
문학은 언어의 예술이라 하지만
시는 피의 예술이다

시는 시인의 거친 삶과
수많은 불면의 밤과
생명과 피를 요구하기에
시인은 자신의 생명과 삶과
피를 덜어서 시를 쓴다

피는 생생력이 있어서
피로 쓴 시는 영원히 죽지 않고
아무리 오랜 시간이 지나도
세세생생 새롭게 되살아난다

시인은 죽어서 사라져도
시가 끝내 살아남아서
마침내 불사조가 되는 것은
시 속에 시인의 피가
묻어 있기 때문 아닐까 (2021.12.06.)

겨울산

한파가 몰아치고 바람이 거센 날
벌거벗은 나무들과 바람에 서걱이는
억새들만 온 몸을 떨면서 비명을
지를 뿐 사람도 산새들도 보이지 않고
겨울바람에 귓불만 얻어맞으며
고독을 씹고 있는 겨울 뒷동산
가난한 독거노인처럼 서럽다

바람이라도 자고 햇살이 따끈한 날은
골목에 나앉아서 지나가는 행인들도
구경하고 말이라도 건네 볼 텐데
구름이 해를 가리고 찬바람이
골목길의 먼지만 날리는 날은
냉방에 쭈그리고 앉아
문틈으로 들어오는 바람에 떨면서
복지사만 기다리는 독거노인처럼
매일 찾아오는 등산객만 기다리는
겨울산은 노인보다 고독하고 쓸쓸하다

행복이 잘나고 힘센 자의 전유물이 아니듯
겨울 뒷동산의 외롭고 쓸쓸한 고독이
흰 눈을 머리에 이고 겨울에 거만한
천년 노송과 경이로운 상고대가
요술 세상을 만드는 높고 큰 산뿐이겠는가 (2021.12.01.)

세말歲末

해야 할 일도 한 일도 없으니
특별할 것도 새로울 것도 없어서
반성할 것도 후회할 것도 없고
와도 그만 가도 그만인 세말

무엇이든 많이 반복하면
저절로 요령도 능력도 생기고
굳은살도 박힌다 했는데
세말은 많이 반복될수록
너무 많이 사용해서 지문조차
닳아 없어진 손가락 끝마디처럼
생각만 해도 아리고 아프기만 하다

오뉴월 곁불도 남 주기는 아깝다는 말처럼
특별히 반성하고 기억할 일은 없어도
한 해가 다 지나고 세말이 되니
왠지 가슴속이 허전하고 섭섭한 것은
괜스레 심술 난 나이 탓 만일까

(2021.12.31.)

팔자소관

금수저나 흙수저로 태어나
대충해도 하는 일마다 성공하고
저절로 잘 되는 사람이 있는 반면에
아무리 노력해도 되는 일도 없고
하는 일마다 엎어지고 자빠져서
열심히 노력할수록 더 깊은 수렁에
빠지기만 하는 사람도 있다

팔자도 자기가 만드는 것이고
자신의 선택과 노력에 따라
바뀌는 것이라고 말은 하지만
살아보면 되는 자는 어떻게 해도 되고
안 되는 사람은 아무리 애를 써도
안 되는 것이 팔자다

이미 최선을 다했고
세상 어떤 것도
팔자 밖의 것이 없다면
성패와 승패도 수요장단도
부귀공명도 팔자에게 던져주고
그냥 체념할 수밖에

(2021.12.03.)

핑계

시상이 떠오르지 않아
시를 못 쓰는 시인
삶이 바람 없는 호수처럼 잔잔하고
아무런 갈등이나 엑센트가 없어도
시상은 먼 나라의 일이 되고
삶에 큰 문제와 격변이 일어나서
고통과 갈등이 연속 되어도
온갖 잡념으로 시간만 낭비될 뿐
결코 시는 써지지 않는다 한다

괴테는 연인과 사랑에 빠져 있을 때
이별의 처절한 아픔을 시로 썼고
이별의 고통으로 삶의 의미마저 상실 했을 때
오히려 만인의 심금을 울리는 사랑의 시를 썼다

시를 못 쓰는 시인의 온갖 변명과 비법은
결국 자기합리화의 핑계일 뿐
시상은 참선자의 용맹정진 끝에
번개처럼 찾아오는 깨달음이거나
지리한 장마 끝에 언뜻 언뜻
얼굴을 드러내는 밝은 햇살일 뿐
누구나 흔하게 볼 수 있는
밤하늘의 아름다운 별은 아닌가 보다 (2021.12.27.)

겨울 억새

가을의 화려한 단풍과 어깨를 겨루며
흰 머리카락을 뽐내던 억새
겨울바람에 생을 떨구는 단풍과는 달리
가을을 주름잡던 하얀 꿈은 날려 보냈지만
닳고 변색된 노인들의 이빨처럼
누렇게 빛바랜 수술과 잎과 줄기는
앙상할수록 오히려 노래 소리 당당하다

한 계절 영화를 누렸으면 만족하고
꽃과 단풍처럼 제 때에 갈 것이지
무엇 때문에 서걱서걱 울면서
겨울을 버티나 비웃지만
억새는 새잎이 돋을 때까지
억세다는 이름보다 더 억센 모습으로
겨울나무도 부르지 못하는 겨울 노래를
겨울 내내 서걱이며 겨울을 넘어선다

백발조차 날려 보내고
누렇게 퇴색한 몸으로
겨울과 맞서서 부르는 노래
날이 춥고 바람 불수록 더욱 서럽지만
서걱일수록 슬퍼서 외려 아름답다 (2021.12.21.)

겉과 속

세상 만물은 겉과 속이 있고
그 둘은 모양과 색깔뿐만 아니라
속성도 서로 다르다

겉이 멀쩡해도 속이 썩은 나무도 있고
꽃이 화려해도 향기가 없는 꽃도 있고
겉이 볼품없어도 향기를 품은 나무도 있듯

겉모습이 아름답고 화려해도
마음이 사악하고 실속 없는 사람도 있고
외모가 넙데데하고 추레해도
속이 향기롭고 꽉 찬 사람도 있다

인간관계의 문제와 불행은
면종복배하는 속은 보지 않고
겉만 보고 성급하게 판단하고 결정하는
조급함에서 비롯되는 경우가 많다

보여주지 않고 않으려 하면
볼 수도 없는 것이 인간 마음이지만
주머니속의 송곳은 머지않아

부리를 밖으로 드러내고
향기를 품은 꽃은 담장 안에 숨겨두어도
벌 나비가 저절로 찾아오듯

인간의 마음도 시간이 문제일 뿐
때가 되면 저절로 드러난다
성급하게 판단하고 결정하면
후회할 땐 이미 때가 늦다

(2021.12.08.)

일하기

가난한 사람만 일하는 것이 아니고
부자도 계속 일한다
무명작가만 글을 쓰는 것이 아니라
유명 작가도 계속 글을 쓴다

왜 일까? 욕심 때문일까?
성현이 일하지 않는 자는
먹지도 말라고 했기 때문일까?

일부는 맞고 일부는 틀린 것 같다
일하는 것은 명예를 얻거나
부자가 되기 위해서만은 아니다

사람은 누구나 행복하기 위해서 살고
행복은 목표를 세우고 목표를
달성했을 때 오는 만족감이 행복이지만

누구도 자신의 현실에 만족하지
못하기 때문에 만족을 얻기 위해서
행복하기 위해서 누구나 일한다
할 일이 있는 삶은 행복이다 (2021.12.12.)

짝사랑

'거짓말이라도 해서 너를 만나고 싶다'는
유행가를 듣다가 갑자기 누군가 생각났다면
말할 수 없었거나 말해서는 안 되었거나
말할 줄 몰랐거나 말하지 않았을 뿐
너는 아직도 그를 사랑하고 있는 것이다

사랑했지만 만날 수도 말할 수도 없었다면
그래서 사랑하는지 알 수도 없었다면
말하지 않은 것이 말할 수 없었던 것이
오히려 진정한 사랑일 수도 있다

짝사랑이 애달프고 쓸쓸하지만
아름답고 절실하고 애잔한 것도
일방적이거나 한쪽이 알지 못하거나
모르는 체하기 때문

사랑해선 안 될 짝사랑
실현되지 않아야 아름다운 사랑이지
막무가내로 실현된 사랑은
도리어 회한과 고통만 남길 뿐

(2021.12.31.)

홍시의 비애

입안에서 사르르 저절로 녹아
이빨이 없는 할머니도
이빨이 나지 않은 어린이도
누구나 좋아하고 사랑하는 홍시
사랑받을수록 오히려 슬프다

대나무가 왜 속을 비우고
겨울에도 잎이 푸른지
얼마나 힘들고 고독한지
그 이유도 모르면서 칭송하는
지조와 절개가 도리어 슬퍼서
인간들의 비겁한 자기합리화일 뿐이라며
바람만 불면 수수수 울음을 울듯

배고픈 보릿고개에 감꽃을 주워 먹고
화관 만들어 머리에 쓰던 아픔도
한여름 펄펄 끓는 땡볕으로
몸을 단련할 때는 떫은 땡감이라
버림받던 슬픔도 모르면서
말캉한 홍시만 사랑한다는 것은
감탄고토의 이기적인 면목이라며
한 입에 속까지 빨리는 부모처럼
홍시는 슬프기만 하다 (2021.12.15.)

제 분수

매화는 풍설 속에 피어야
지조가 더욱 빛나고
벚꽃은 따뜻한 봄에 꽃피어야
봄의 화신처럼 계절을 대변하듯
은행나무는 늦가을 석양을 받으며
황금빛 단풍으로 익어야 은행나무가
왜 은행나무인지 알 수 있게 된다

인간도 젊어서 소년 등과하여 이름을
떨쳤으나 나중이 희미한 사람도 있고
중년에 크게 성취하여 평생을 떵떵거리고
역사에 이름을 남기는 사람도 있으며
어떤 사람은 고목에 꽃이 피듯 늙어서야
새삼 이름을 떨치고 빛나는 사람도 있다

어떤 삶이 더 빛나고 아름다운 지는
사람마다 생각이 달라서 알 수는 없지만
사람도 나무처럼 때와 분수가 있으니
현실에 최선을 다할 뿐 너무 안달하거나
안타까워할 필요는 없지 않을까

(2021.11.24.)

겨울 날씨

겨울인데도
며칠 동안 봄처럼 따뜻하더니
때 아니게 벚꽃 철쭉 개나리가
겉옷 벗고 몸매 자랑하기에
봄이 오는가 착각했는데

간밤에는
바람소리 창밖에서 말을 달리더니
아침에는 나목들이 떨면서 얼차려하고
철모르는 봄꽃들은 하룻밤 사이에
하얗게 시들은 얼음꽃이 되고 말았다

날씨가 콩 튀듯 변덕을 부리니
겨울이 봄같이 따뜻해도 문제
겨울이 겨울답게 추워도 문제
그래도 계절은 어김이 없으니
좀 더 느긋하게 기다리는 것은 어떠리

(2021.12.13.)

성실의 아이러니

주인의 발자국 소리를 듣고
농작물이 잘 자라던 시절에는
성실이 성공의 기본 요소이자
가장 바람직한 인간 성품이었지만

로봇이 계측과 제어를 대신하고
인간의 힘든 일을 대신하는 시대에는
꾸준함과 성실함은 성공은커녕
오히려 미련한 사람으로 치부된다

농경시대와는 달리 패러다임이
너무 빨리 변하는 시대에는 성실보다
변화가 능력이고 삶의 수단이 되어서
남보다 먼저 변해야 성공하고
변화를 선도해야 잘난 사람이 된다

진실과 진리가 상황 진리로 전락하고
성실함과 꾸준함도 묵수墨守가 되는
시대에는 좋든 싫든 변하는 패러다임에
적응하고 스스로 먼저 변하는 것만이
성공하고 살아남는 유일한 방법 아닐까 (2021.12.22.)

위드코로나

겨울답지 않게 며칠째 포근한 날씨
성급하게 꽃망울 터뜨린
계절을 착각한 개나리 벚꽃 …
다행일까

준비 되지 않은 위드코로나
환호한지 한 달도 되지 않아
되돌려진 방역 프로그램
다행일까

겨울의 춥지 않은 삼한사온
성급한 꽃들의 일생을 망치듯
조삼모사 같은 위드코로나
국민 가슴에 멍울만 키운다

겨울은 겨울답게 춥고
여름은 더워야 제격이듯
위드코로나도 눈치만 보고
서두를 것이 아니라
지피지기하고 익을 때까지
참고 견디는 것이 최선 아닐는지 (2021.12.13.)

인간다움

조금 가지면 더 많이 갖고 싶고
많이 가지면 자랑하고 싶은 것
조금 높아지면 더 높아지고 싶고
높아지면 군림하고 싶은 것

작은 힘이 생기면 더 큰 힘을 갖고 싶고
큰 힘이 생기면 시험하고 싶은 것
칼날 위에 섰을 때는 무섭지만
칼자루를 쥐면 휘두르고 싶은 것도
인간의 일반적인 본성이라 하지만

많이 가질수록 더 많이 베풀고
높아질수록 허리를 더 숙이고
힘이 강해질수록 목에 힘을 빼고
칼자루를 잡으면 정의를 위해 휘둘러야
인간다운 인간의 삶이 아닐까?
다만 약자의 희망 사항일 뿐이지만

(2021.11.21.)

똥개

역사를 왜곡하고 반성할 줄 모르는
정치인은 비겁한 똥개다

똥개는 자기보다 힘이 센 똥개나
상대를 만나면 조금도 망설이지 않고
깨갱하고 드러누워 배를 보이며 항복하고
오줌을 지리며 낑낑대고 아첨한다

그러나 한 때 자기보다 약했던 존재나
지금도 약해 보이는 상대를 만나기만 하면
언제든지 호가호위하며 이빨을 드러내고
갈구면서 군림하려 한다

일본의 정치인들은 유독 미국만 상대하면
똥개처럼 무조건 머리를 조아리며
아첨하고 무엇이든 복종한다

반면에 우리나라를 상대하면
옛날과 달라진 우리의 위상도 모르고
무엇이든 잘난 체 강한 체
으르렁거리며 무시하려 한다

강자에게 약하고 약자에게 강한
정치인은 비겁한 똥개다
몽둥이를 부르는 미친 똥개다

(2021.12.10.)

칠십 번째 생일

옛날에는 너무 드물어서
축하하고 부러워하는 고희였지만
요즘은 너무 과다過多해서
오히려 눈치 보이는 칠순생일

어제는 고희라는 말처럼 자식들 덕택에
인생에서 드물게 매우 화려한 식당에서
아주 비싼 음식을 싫도록 먹었고
큰 선물도 받았다

어려움 속에서도 좋은 뜻으로 행해진
자식들의 축하행사가 너무 고맙고
자랑스럽고 기뻤지만 자식들의 정성이
갸륵하고 특별할수록 즐거움보다
도리어 마음은 부끄럽고 슬펐다

칠십도 되기 전에 돌아가신 선고와
팔십이 넘어서 돌아가신 선비께
특별한 날이 되어도 핑계만 많았을 뿐
한 번도 제대로 이받지 못했던
한스러움과 그리움 때문 만일까

(2021.12.12.)

이혼離婚

연애 할 때는
환상은 사실이 되고
기대는 현실로 오인하게 되지만

결혼하면 콩깍지가 걷히면서
기대는 현실이 아니라 환상이었고
환상은 착각이었음을 깨닫게 된다

기대와 환상이 무너진 부부는
현실이 거칠고 삭막하지만
자식을 낳고 기르면서 덧 생긴 행복에
만족하고 체념하면 백년해로 할 수 있다

환상과 기대가 사라진 거친 현실을
모두 상대의 탓으로 돌리고 삿대질하면
마침내 서로 돌아설 수밖에 없다

헤어져도 환상은 환상일 뿐이고
기대는 언제나 기대일 뿐이라서
현실은 결국 자기 발등 찍는
일이 되고 말지 않을까

(2021.12.26.)

무서운 권력

권력은 사용하기에 따라 세상을 구하고
사람을 살릴 수도 있지만
오히려 그 반대인 경우가 더 많다

민중을 병들고 괴롭고 힘들게 하는 것은
세상을 지배하는 큰 권력만이 아니라
손톱 밑의 가시 같은 작은 권력이
더 아프고 고통스럽다

큰 권력에 빌붙어 알랑알랑 기생하면서
민중 위에서 호가호위하는 아전들의 횡포가
옛날부터 탐관오리보다 더 무섭다 했다

자리가 사람을 만든다고는 하지만
시니어클럽에서 노인 일자리를 관리하는
말단 계약직 직원조차도 노인들에게는
무서운 권력이자 염라대왕이다

원칙을 말하거나 바른말을 해도
다음 해의 일자리를 들먹이며
살아남으려면 주는 것이나 받아먹고
입도 벙긋하지 말라고 군림한다

(2021.11.19.)

발문跋文

지금까지 6권의 시집과 2권의 수필집을 내었지만 한결같이 초심을 지키며 항상 약자의 편에서 약자의 처지를 긍정하고 위로하며 대변하는 글을 쓰려고 노력했고 그 사용 언어도 민중들이 쉽게 이해할 수 있는 생활 현장의 일상적 언어와 표현을 사용했기에 필자의 시와 수필을 이해하는 데는 어떤 해설이나 더 많은 설명이 필요치 않았다. 그래서 필자는 모든 시집에 어떤 해설이나 평설도 붙이지 않았다.

어려운 시에는 해설이 있어야 이해가 가능할 수도 있지만 쉽게 이해할 수 있는 시에는 오히려 선입견을 심어주거나 자유로운 해석과 개인적인 생각과 상상을 방해할 수 있다는 판단에서 시단의 보편적인 행태가 된 해설이나 평설 붙임을 생략했고 앞으로도 그렇게 할 예정이다.

물론 시가 쉽게 이해된다는 것은 시적 전환이 제대로 되지 않았거나 시적 형상화가 제대로 되지 않아서 직설적이고 직접적 표현에 그쳤을 가능성도 있을 수 있겠지만 필자의 시가 그런 정도의 상황은 벗어났기를 바랄 뿐이다.

부족하지만 독자 제현의 많은 질정과 사랑이 있다면 필자는 그것을 자랑으로 삼아 더욱 분발하여 남은 삶 동안 열심히 시와 수필을 써 볼까 한다.

끝으로 시집의 제목을 '오지랖'이라 붙인 것은 능력도 부족한 필자가 시도 쓰고 수필도 쓰고 시집도 자주 내는 것은 분수에 넘친다는 생각이 들지만 이렇게 자신의 분수를 돌아보지 않고 막무가내로 시집을 내는 것 자체가 오지랖이란 생각에 시집의 제목을 '오지랖'이라 붙였다

(2022.03.20.)

오지랖

초판1쇄 발행 2023년 4월 15일

지 은 이 김수봉
펴 낸 이 이길안
펴 낸 곳 세종출판사

주소 부산광역시 중구 흑교로 71번길 12 (보수동2가)
전화 051－463－5898, 253－2213~5
팩스 051－248－4880
전자우편 sjpl5898@daum.net
출판등록 제02-01-96

ISBN 979-11-5979-578-7 03810

정가 12,000원